뛰어난 편집자이자 친구인 폴라 와이즈맨에게
—로버트 버레이

개빈에게
—라울 콜론

감사의 말
저자와 출판사는 컬럼비아 대학의 지구 환경 과학부와
라몬트 지질학 연구소에 깊이 감사드립니다.

해저 지도를 만든 과학자, 마리 타프

1판 1쇄 펴냄 - 2019년 4월 30일, 1판 3쇄 펴냄 - 2022년 6월 28일
글쓴이 로버트 버레이 그린이 라울 콜론 옮긴이 김은하 펴낸이 박상희 편집주간 박지은 편집 김지호 디자인 조수정
펴낸곳 (주)비룡소 출판등록 1994. 3. 17. (제16-849호) 주소 06027 서울시 강남구 도산대로1길 62 강남출판문화센터 4층
전화 영업 02)515-2000 팩스 02)515-2007 편집 02)3443-4318,9 홈페이지 www.bir.co.kr
제품명 어린이용 각양장 도서 제조자명 (주)비룡소 제조국명 대한민국 사용연령 3세 이상

SOLVING THE PUZZLE UNDER THE SEA by Robert Burleigh, illustrated by Raúl Colón
Text Copyright © 2016 Robert Burleigh
Illustrations Copyright © 2016 Raúl Colón
All rights reserved. No part of this book may be reproduced or transmitted in any form or by any means, electronic or mechanical, including photocopying, recording or by any information storage and retrieval system without permission in writing from the Publisher.
Korean Translation Copyright © 2019 by BIR Publishing Co., Ltd.
This Korean translation edition is published by arrangement with Paula Wiseman Books, an imprint of Simon & Schuster Children's Publishing Division, 1230 Avenue of the Americas, New York, NY 10020 through KCC (Korea Copyright Center Inc.), Seoul.

이 책의 한국어판 저작권은 (주)한국저작권센터(KCC)를 통해 저작권사와의 독점계약으로 (주)비룡소에 있습니다.
저작권법에 의해 한국 내에서 보호를 받는 저작물이므로 무단전재와 복제를 금합니다.
ISBN 978-89-492-8265-0 74450/ ISBN 978-89-491-8211-7(세트)

이 도서의 국립중앙도서관 출판시도서목록(CIP)은 서지정보유통지원시스템 홈페이지(http://seoji.nl.go.kr)와
국가자료공동목록시스템(http://www.nl.go.kr/kolisnet)에서 이용하실 수 있습니다. (CIP제어번호: CIP2019023380)

해저 지도를 만든 과학자, 마리 타프

로버트 버레이 글
라울 콜론 그림
김은하 옮김

비룡소

지도들! 나는 지도가 정말 좋아요!

나는 지도에 표시된 등고선*과 다양한 색들이 좋아요. 특히 단 한 장의 지도로 이곳저곳 수천 킬로미터를 여행하면서 손가락으로 수많은 산과 계곡을 건너고 길을 찾는 게 좋아요.

때로는 지도가 말을 거는 것 같아요.

"마리, 모험을 떠나자! 낯선 곳을 탐험하고 새로운 곳을 발견하는 거야."

그리고 나는 정말 모험을 떠났어요.

*지도에서 높이가 같은 지점을 연결한 선.

나는 마리 타프예요. 내가 언제부터 지도를 좋아했는지 얘기하려면 내가 아직 어린 소녀였던 1930년대로 거슬러 가야 해요. 우리 아빠는 지도를 만드는 사람이었어요. 아빠가 만든 지도는 농부들이 다양한 흙의 성질을 이해하고 농사를 짓는 데 도움이 되었어요. 나는 아빠가 지도 그리는 모습을 보는 것이 참 재미있었어요. 아빠가 일하는 동안 아빠의 도화지와 연필을 들고 있기도 했지요.

　아빠는 지도를 그리기 위해서 미시간주에서 아이오와주로, 앨라배마주로 계속 돌아다녀야 했어요. 그런 아빠를 따라 우리 가족도 모두 이 도시에서 저 도시로 이사해야 했지요. 난 고등학교를 졸업할 때까지 무려 열일곱 개나 되는 학교를 다녔어요. 나보다 전학을 더 많이 다니기도 힘들걸요.

학교에서 나는 교실 벽에 걸린 커다란 지도를 바라보곤 했어요. 지도에는 프랑스가 있었고 남아프리카도 있었고 중국도 있었지요. 그리고 언제나 큰 바다가 있었어요. 나는 진짜 바다를 본 적이 한 번도 없었어요. 끝도 없이 펼쳐지는 짙푸른 바다를 바라보는 느낌은 어떤 것일까요?

내가 대학교에 들어갔을 때, 한 선생님이 놀라운 비밀을 알려 줬어요. 바다는 지구 표면의 반 이상을 뒤덮고 있지만 바다 밑에 대해 아는 과학자는 거의 없다고 말했지요. 바다 밑, 그러니까 해저는 실제로 어떤 모습일까요? 확실히 아는 사람은 아무도 없는 것 같았어요.

대학교를 졸업하고 마침내 과학자가 된 나는 과학자로서 무슨 일이든 열심히 하고 싶었어요. 하지만 세상은 나를 받아들일 준비가 되어 있지 않았어요. 당시에는 여성 과학자가 매우 드물었거든요. 내가 과학자를 뽑는 곳에 지원하자 그곳 사람이 이렇게 말했어요. "유감스럽지만 서류 정리할 사람은 필요하지 않아요." 내가 여자이니까, 할 수 있는 일이 서류 정리뿐이라고 생각했던 것이지요.

1948년 뉴욕의 컬럼비아 대학 해양 연구소에서 만난 나의 첫 상사* 모리스 유잉 박사조차 이렇게 말했지요. "여자는 바다 관측선을 탈 수 없어요. 여자를 태운 배는 운이 나쁘거든요." 나는 정말 놀랐어요. 과학자들조차 말도 안 되는 미신을 믿다니!

*직장에서 나보다 높은 자리에 있는 사람.

그러나 나는 꾹 참고 아무 말도 하지 않았어요. 그런 편견들이 나를 막을 수는 없었지요. 난 뭐든 하기로 결심했어요. 아무리 작은 일이라도 내가 할 수 있으면 맡았어요. 꿋꿋하게 이런저런 일들을 돕고 거들었지요. 물론 때로는 지루했어요.(한번은 그만둘까도 생각했어요.) 하지만 난 계속했어요. 뭔가 흥미로운 것, 새로운 과학적 발견으로 이끌어 줄 실마리를 찾고 있었거든요.

연구소에서 열심히 일하면서 새 친구들이 많이 생겼어요. 그중 브루스 히즌은 몇몇 연구를 나와 함께했던 동료예요. 우리는 둘 다 해양 탐사에 관심이 있었지요. 바다는 얼마나 깊을까? 바다 밑에도 산이 있을까? 아니면 해저는 그저 평평할까?

그러다 어느 날 우리는 기가 막힌 생각을 했어요. 바다 밑 지형을 지도로 그릴 수 있을까? 나는 할 수 있다고 믿었어요. 그리고 꼭 해 보고 싶었지요!

　오래전부터 사람들은 바다의 깊이를 측정하려고 계속 노력했어요. 옛날에 선원들은 추가 달린 밧줄을 바닷속으로 떨어뜨려서 바다 깊이를 쟀어요. 좀 더 최근에는 과학자들이 배에서 해저로 음파를 보내는 장치를 이용해 바다 깊이를 재기 시작했어요. 바다 밑을 향해 보낸 음파가 해저에 갔다가 부딪쳐 반사되어 되돌아오는 시간을 계산해서 여러 장소에서 바다의 깊이를 알아낼 수 있었지요.

　이렇듯 바다 깊이를 재는 것을 '측심'이라고 해요. 시간이 흐르면서 브루스뿐 아니라 많은 과학자들이 여러 바다를 측심했어요. 나는 그 결과들을 가지고 바다 밑 지형을 지도로 그리기 시작했지요.

'크게 생각하는 거야.' 나는 내 자신에게 말했어요. 나는 연구소에 커다란 테이블을 가져다 놓고 그 위에 거대한 종이 한 장을 펼쳤어요. 그 빈 종이는 나에게 가능성으로 가득 찬 캔버스였지요. 나는 빨리 시작하고 싶었어요.

나는 먼저 해안선을 그리기 시작했어요. 처음에는 아메리카 대륙을, 그다음엔 아프리카 대륙을 그렸어요. 두 대륙 사이에 펼쳐진 거대한 대서양이 바로 내 연구 목표예요. 나는 대서양의 측심 자료들을 수집해서 조심스럽게 내 지도 위에 기록했어요.

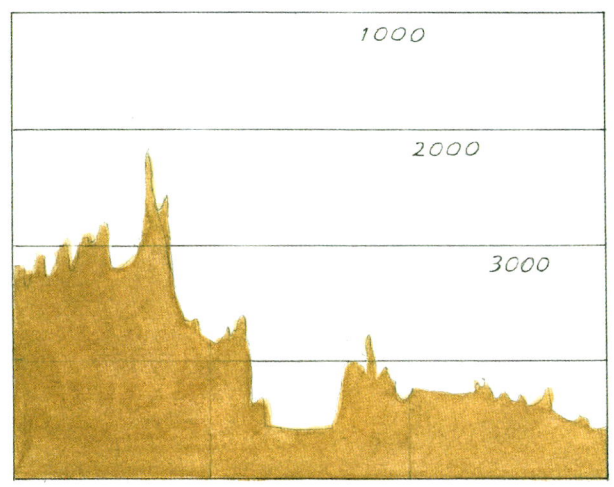

각 측심 수치는 해당 지점의 바다 깊이를 뜻해요. 만약 측심 수치가 4800미터라면 그곳의 바다 깊이도 4800미터예요. 그리고 가까운 두 지점의 바다 깊이가 서로 너무 다르다면, 예를 들어 4800미터 근처의 수심이 2400미터라면 그 일대의 바다 밑바닥이 산봉우리 모양이라는 뜻이에요. 즉 바다 밑 지형에도 산이 있다는 거예요. 육지처럼 말이죠.

바다 밑 지도 그리기는 마치 거대한 직소 퍼즐을 맞추는 일 같았어요. 위대한 미스터리를 푸는 탐정이 된 기분이었지요.

나는 이제야 진짜 과학자가 된 기분이 들었어요. 정확한 측심 자료 덕분에 대서양 밑 해저 지형을 서서히 이해할 수 있었어요. 얕은 해안 밑부터 깊은 바닷속의 완만한 경사면까지, 그리고 북쪽에서 남쪽으로 길게 뻗은 해저 산맥인 대서양 중앙 해령까지 말이에요.

나는 예술가가 되기도 했어요. 바다의 깊이가 비슷한 곳들끼리 같은 색을 띠도록 갈색, 파란색, 녹색 등으로 구분해서 색칠했거든요. 시간이 많이 걸렸겠다고요? 그럼요. 그만큼 과학적 발견은 정말 가치 있는 일이니까요. 눈으로 직접 볼 수 없었던 바다 밑 세상이 '그림'으로 나타난 거잖아요.

그런데 이보다 더 근사한 게 있어요.

한번 들어 볼래요?

나는 새롭고 중요한 무언가를 알게 되었죠. 내 지도 위에 표시된 측심 숫자는 대서양 중앙 해령이 더 깊고 좁은 협곡에 의해 두 부분으로 분리되었음을 넌지시 드러냈던 거예요.

그 당시 과학자 대부분은 지구 표면이 결코 움직이지 않는다고 믿었어요. 지구는 당연히 태양을 중심으로 움직여요. 그렇지만 지구의 표면은, 어디까지나 과학자들의 추측이지만, 고정되어 있고 움직이지 않는다고 생각했어요.

물론 다르게 생각하는 과학자들도 있었어요. 그들은 지구 전체 표면이 몇 개의 거대한 조각 혹은 '판'으로 나뉘었다고 생각했어요. 가설을 세운 과학자들도 있었죠. 그들은 깊은 바닷속에서 판 가장자리를 따라 일어나는 지진이나 화산 폭발이 이 판들을 서로 떨어지게 했다고 생각했어요. 그리고 판에 속한 대륙들이 판을 따라 움직였다는 주장을 폈지요. 이 새로운 이론은 '판구조론' 혹은 '대륙 이동설'로 불렸어요.

대륙이 이동한다는 이론은 진실일까요? 나는 진실이라고 믿었어요. 내 지도 위의 대서양 중앙 해령 산봉우리 한가운데 난 깊은 균열, 혹은 골짜기가 그 증거였지요.

내가 연구를 계속하는 동안 동료 과학자들은 내 연구소를 드나들면서 대륙 이동설에 대해 논쟁했어요. "사실인가요?" "그래요." "아니요." "맞아요." "틀렸어요." (과학자들은 늘 의견을 다투어요. 모든 것에 의문을 품지요. 증명되기 전까지는 진짜 확실한 게 아니라고 생각하니까요.)

처음에는 내 친구 브루스조차 새 이론을 믿으려 하지 않았어요. 나는 지도 위 대서양 중앙 해령의 중심에서 남북으로 뻗은 좁은 골짜기를 손가락으로 따라가며 가리켰어요. 그림이 천 마디 말보다 가치 있다는 생각에 미소를 지으면서요.

브루스도 마침내 고개를 끄덕였고 새 이론에 동의했어요.

난 기분이 좋았어요. 이제 우리는 사람들이 지구를 바라보는 방식을 변화시키게 될 거예요.

우리는 지도의 최종 인쇄판을 완성하기 위해 오스트리아의 풍경화가에게 도움을 청했어요. 그렇게 인쇄된 지도를 처음 본 순간이 나는 아직도 기억나요. 완성된 지도는 다채로운 빛깔들, 많은 부호들, 평지들과 봉우리들로 가득했어요. 나는 새로 발견한 세상의 일부를 마주한 탐험가가 된 기분이었어요. 다른 사람들도 내 발견에 동의한다고 느꼈어요. 왜냐하면 내가 만든 지도는 출판되자마자 여러 박물관과 학교들이며 심지어 가정집 벽에도 걸렸거든요.

내 자신이 자랑스럽냐고요? 물론이지요. 과학자는 정말 멋진 직업이에요. 나는 연구를 통해 지금껏 지구상에 알려지지 않은 곳을 지도로 그렸고 발견했어요. 정말 어마어마한 일이지요!

그리고, 맞아요. 내 지도는 지구의 표면이 움직이고 있다는 사실을 증명하는 데 도움이 되었어요. 지구 표면이 움직인다고 해서 걱정하지 마세요. 우리가 균형을 잃고 넘어지지는 않을 테니까요. 우리가 서 있는 '판'은 일 년에 고작 2.5~5센티미터 정도밖에 안 움직인답니다!

과학자 '마리 타프'의 삶

마리 타프

1920년 미국 미시간주의 입실랜티에서 태어난 마리 타프는 20세기의 가장 중요한 과학자 중 한 명이에요. 전 세계 해저를 지도로 만들고 이해하는 데 핵심 역할을 한 인물이기도 하지요. 또한 마리의 연구는 대륙 이동설을 증명하는 데 큰 도움이 되었어요. 대륙 이동설은 지구의 모든 대륙이 매우 천천히 다른 대륙으로부터 멀어지거나 대륙을 향해 움직인다는 이론이지요.

마리는 다소 평범하지 않은 어린 시절을 보냈어요. 마리의 아버지는 지도를 만드는 사람이었고, 여러 해 동안 미국 곳곳을 이동하며 일했어요. 그때마다 마리네 가족은 이사를 자주 했고, 마리 역시 대학에 들어가기 전까지 전학을 열여섯 번이나 다녀야 했지요. 마리는 호기심이 강하고 매우 총명한 학생이었어요. 1940년대에 대학을 다니며 음악, 영문학, 수학, 지질학까지 네 개의 학위를 받았어요.

마리는 오클라호마에 있는 석유 회사에서 잠시 일하다가 1948년부터 뉴욕에 있는 컬럼비아 대학의 라몬트 지질학 연구소(오늘날의 라몬트-도허티 지구 관측 연구소)에서 일하게 되었어요.

마리는 여자는 과학 연구를 할 수 없다는 당시의 편견에 맞서며 열심히 일했어요. 마리는 점점 연구소 팀장의 신뢰를 얻게 되었어요. 마침내 마리 타프를 유명하게 만든 대서양 해저 지도 제작 프로젝트도 맡게 되었지요.

마리는 1957년부터 1977년까지 지질학자 브루스 히즌과 함께 대서양 해저 지도 제작 프로젝트를 진행했어요. 히즌과 동료 과학자들이 해양 탐사를 통해 많은 자료를 수집하였고, 마리는 측심 자료를 조심스럽게 모아서 대서양 해저의 특별한 모습이 드러나는 지도를 그리는 데 사용했어요. 대서양 해저 지도의 완성은 다른 해양의 해저 지도 제작으로 이어졌어요.

한편 해저 지도를 제작하는 동안 마리는 바다 밑 지형에 형성된 깊은 균열과 골짜기를 발견하게 되었어요. 특히 두 해저 산맥 사이에 생기는 골짜기인 '열곡'은 보통 심해 지진이 많이 일어난 곳에 형성되어 있었어요. 마리의 발견 덕분에 과학자들은 몇 개의 거대한 판으로 나뉜 지구 표면이 항상 움직여 왔다는 걸 알게 되었지요. 대륙 이동설이 확실한 사실로 밝혀진 거예요.

마리 타프의 연구와 업적이 인정받기까지 오랜 세월이 걸렸어요. 1998년 미국 의회 도서관 지리 지도부의 창립 100주년을 맞아 마리가 상을 받게 되었어요. 이듬해 우즈 홀 해양학 연구소에서는 마리의 업적을 기렸고, 마리가 처음 일했던 라몬트-도허티 연구소는 2001년에 마리에게 라몬트 도허티 유산 상을 수여했어요. 오늘날 라몬트-도허티 연구소는 그녀의 이름을 기리는 '어드밴스' 프로그램을 통해서 많은 여성들이 과학계에서 역량을 펼칠 수 있도록 격려하고 있어요.

마리 타프는 2006년에 세상을 떠났어요. 마리를 추모하는 찬사가 쏟아졌고, 한 과학자가 그녀의 업적을 이렇게 표현했어요. "마리는 단순히 지도를 만든 게 아니에요. 그녀는 지구가 어떻게 활동하는지 이해했던 것이지요."*

---

* 라몬트-도허티 지구 관측 연구소의 도허티 수석 학자 빌 라이언, 「회고록, 해양 지도 제작의 개척자 마리 타프」《컬럼비아 뉴스》, 2006년, 8월 24일)에서 인용.

알아 두면 좋을 단어와 표현들

가설 과학자들이 진리라고 생각하는 어떤 현상에 대해 과학적 방법을 통해 증명하거나 반증하려고 세운 가정 또는 개념.

과학 이론 과학자들이 사실이라고 믿지만 아직 증명되지 않은 원칙.

단층 지구 표면이 갈라지며 생기는 지각의 균열.

대륙 이동설 지구 대륙들이 매우 조금씩 이동한다는 이론.

대서양 중앙 해령 대서양 아래 있는 해저 산맥으로, 지구에서 가장 긴 산맥의 일부이자 지각 판 경계.

등고선 지도에서 높이가 같은 지점을 연결한 선.

마그마 땅속 깊은 곳에 녹아 있는 반액체 상태의 금속으로, 땅 위로 올라오면 '용암'이라고 해요.

불의 고리 지진과 화산 활동이 많이 일어나는 태평양 아래 단층으로, 다른 이름은 '환태평양 조산대'.

열곡 지구 표면이 갈라지며 생기는 깊은 골짜기.

지각 지구의 바깥쪽으로 지구 표면을 이루는 부분.

지구 과학자 지질학, 해양학 등 지구 과학을 연구하는 사람.

지도학 지도를 만들고 이용하는 방법과 관련된 예술과 과학 분야.

지질학 암석, 산, 평야를 비롯한 여러 가지 지형을 연구해서 지구가 형성되고 변화하는 과정을 이해하도록 도와주는 과학 분야.

초대륙 지구의 대륙이 모두 합쳐진 커다란 대륙.

측심 깊이를 재는 일로, 깊은 곳에서는 음파를 이용한 음향 측심 방법이 널리 쓰여요.

판게아 약 3억 년 전에 형성된 초대륙으로, 약 2억 년 전부터 조금씩 붕괴되어 오늘날 우리가 살고 있는 모습으로 형성된 대륙('판게아'는 고대 그리스어로 '모든 땅'을 뜻해요).

판구조론 지질학 이론에 따르면, 지구 표면은 지진과 지진 활동 등으로 움직이는 '판' 들로 나뉘어요.

해양 넓고 큰 바다.

해양학 바다의 모든 것을 연구하는 과학.

해저 지도 바다 밑에 있는 지형의 기복을 등심선에 의해서 나타낸 지도.

해저 확장 대서양 중앙 해령이 있는 판이 갈라지거나, 액체 암석(마그마)이 솟아나오는 것처럼 판 사이를 확장시키고 떨어뜨리는 현상.

참고 자료 찾아보기

학교 도서관이나 동네 도서관과 인터넷에서 해양학, 해양 지질학, 해양 탐사 등 바다에 관한 책과 기사, 다큐멘터리 영화를 찾아보세요. 또 해양 박물관이나 연구원에서 운영하는 교육 프로그램에 참여해 바다에 대해서 더 배울 수도 있어요.

『안녕, 여긴 열대 바다야』 한정기 글·서영아 그림/ 2010년
*열대 바다의 다양한 생태계와 한·남태평양해양연구센터 이야기를 담은 지식 그림책이에요.

『바다를 존중하세요』 키아라 카르미나티 글·마리아키아라 디조르조 그림/ 김현주 옮김/ 2018년
*여성 해양학자 실비아 얼을 다룬 지식 그림책이에요.

『해저 2만 리』 쥘 베른 글·드 뇌빌, 에두아르 리우 그림/ 윤진 옮김/ 2011년
*바닷속 탐험을 그린 19세기의 대표 해양 판타지 소설이에요.

「딥씨 챌린지」 제임스 캐머론 감독/ 2014년
*심해 탐사 과정을 그린 다큐멘터리 영화예요.

국립해양박물관 www.knmm.or.kr
한국해양과학기술원 www.kiost.ac.kr
*교육 프로그램을 운영하고 있으니 홈페이지를 방문해 정보를 찾아보세요.

함께해 볼 수 있는 탐구 활동

지도를 좋아하나요? 학교로 가는 길을 지도로 만들어 봐요. 먼저 종이를 준비해서, 한쪽에 집을 그리고 다른 한쪽에는 학교를 그려요. 그다음은 학교 갈 때 내가 지나치는 길과 건물을 지도 위에 표시하는 거예요. 이제부터 우리는 지도를 만드는 사람, 지도 제작자랍니다.

책을 읽거나 인터넷에 '해양'이나 '심해' 등을 검색해서 바다가 얼마나 깊은지 알아보아요.(힌트: 8,000미터 이상이에요!)

물속 깊이를 직접 측정해 볼 수도 있어요. 만약 가까운 곳에 강이 있고, 엄마 아빠와 작은 보트를 타고 나갈 수 있다면 이렇게 해 봐요. 긴 줄을 준비해서 끝에 무거운 돌을 묶은 다음, 바닥에 닿을 때까지 물속으로 떨어트려요. 물속에 들어간 줄의 길이가 그곳의 깊이라고 보면 돼요. 만약 강 속 바닥을 그림이나 도표로 그릴 수 있다면 직접 측정한 수심을 표시하고 나중에 봐요.

만약 해저의 갈라진 골짜기에서 마그마(액체 암석)가 솟아나온다면, 지구의 한가운데에서 더 발견할 수 있는 것은 무엇이라고 생각하나요?(또 다른 힌트: 매우 뜨거운 것을 생각해 봐요.)

남자 과학자들이 마리 타프에게 여자는 배를 타고 나가 바다의 깊이를 잴 수 없다고 말했을 때 마리 타프는 기분이 어땠을까요? 나라면 어떨까요?

글쓴이 로버트 버레이

어린이를 위한 책을 많이 쓰고 여러 상을 받았다. 지은 책 『농구를 즐겨 Hoops』는 스쿨 라이브러리 저널 선정 올해 최고의 책, 북리스트 편집자 추천 도서, 미국도서관협회 '주목할 만한 어린이 책'으로 선정되었고, 『야간 비행: 아멜리아 에어하트 대서양을 건너 Night Flight: Amelia Earhart Crosses the Atlantic』은 미국도서관협회 '주목할 만한 어린이 책'으로 선정되었다. 그밖에 지은 책으로 『고래가 그물에 걸렸어요』 등이 있다.

robertburleigh.com

그린이 라울 콜론

뉴욕에서 태어나 푸에르토리코에서 유년 시절을 보낸 뒤 뉴욕으로 돌아왔다. 책과 잡지, 신문 등에 그림을 그리고 있다. 글자 없는 그림책 『그림을 그려요! Draw!』는 《뉴욕 타임스》 선정 최고의 그림책, 미국도서관협회 '주목할 만한 어린이 책'으로 선정되었고, 『호세! 현대 무용의 전설 Jose! Born to Dance』는 토마스 리베라 멕시코계 미국인 어린이 도서 상과 국제 라티노 도서 상을 받았다. 그린 책으로 『봄 여름 가을 겨울의 춤』 등이 있다.

옮긴이 김은하

홍익대학교에서 교육학과 국어교육학을 공부했다. 오랫동안 어린이 책을 만드는 편집자로 지내다가 현재는 프리랜서로 출판 기획 일을 하고 있다.